让孩子着迷的第一堂自然课

热带雨林

REDAI YULIN

童心 编著

化学工业出版社

·北京·

图书在版编目（CIP）数据

让孩子着迷的第一堂自然课．热带雨林 / 童心编著．—北京：
化学工业出版社，2019.3（2025.4 重印）
　ISBN 978-7-122-33721-4

　Ⅰ．①让… Ⅱ．①童… Ⅲ．①科学知识－青少年读物
②热带雨林－青少年读物 Ⅳ．① Z228.2 ② P941.1-49

　中国版本图书馆 CIP 数据核字（2019）第 026018 号

责任编辑：王思慧　谢　娣
责任校对：王　静　　　　　　　　　　　　装帧设计：刘丽华

出版发行：化学工业出版社（北京市东城区青年湖南街 13 号　邮政编码 100011）
印　　装：天津裕同印刷有限公司
787mm×1092mm　1/12　印张3　字数42千字　2025年4月北京第1版第4次印刷

购书咨询：010-64518888　　　　　　　　　售后服务：010-64518899
网　　址：http://www.cip.com.cn
凡购买本书，如有缺损质量问题，本社销售中心负责调换。

定　价：28.00元

目录

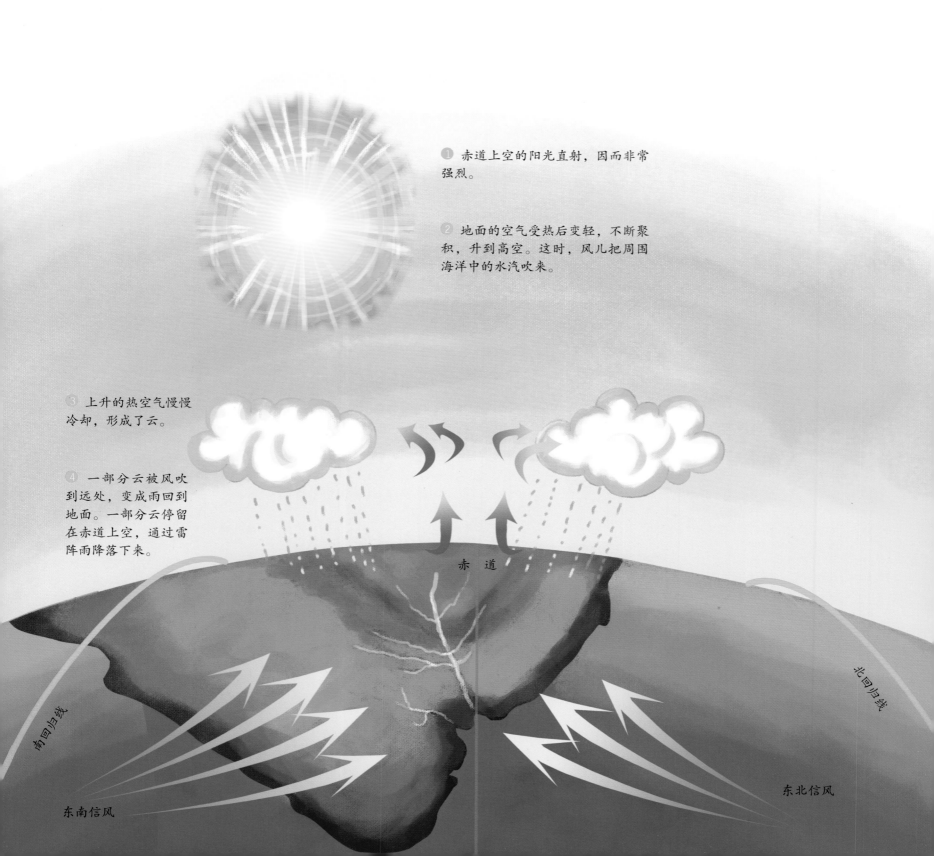

① 赤道上空的阳光直射，因而非常强烈。

② 地面的空气受热后变轻，不断聚积，升到高空。这时，风儿把周围海洋中的水汽吹来。

③ 上升的热空气慢慢冷却，形成了云。

④ 一部分云被风吹到远处，变成雨回到地面。一部分云停留在赤道上空，通过雷阵雨降落下来。

赤　道

南回归线

北回归线

东南信风

东北信风

什么是热带雨林

热带雨林是位于地球赤道附近的森林，可是，它不是普通的森林而是一种独特森林生态系统。当你走进雨林时，你会发现那里阴暗、闷热、潮湿，抬头看不见太阳，低头到处都是苔藓，地面又湿又滑，虫蛇出没，每走一步都要非常小心，堪称是世界上最危险的森林。

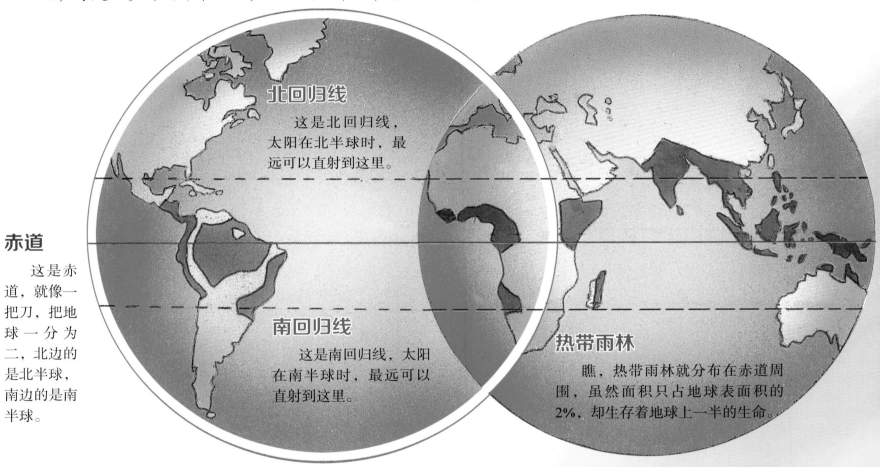

北回归线

这是北回归线，太阳在北半球时，最远可以直射到这里。

赤道

这是赤道，就像一把刀，把地球一分为二，北边的是北半球，南边的是南半球。

南回归线

这是南回归线，太阳在南半球时，最远可以直射到这里。

热带雨林

瞧，热带雨林就分布在赤道周围，虽然面积只占地球表面积的2%，却生存着地球上一半的生命。

地球的肺

热带雨林就像一个巨大的"空气净化器"，不断地吸收空气中的二氧化碳，为人类和小动物们制造出氧气，要不然地球上许多生命都会因为缺氧而死亡。所以，人们也把热带雨林称为"地球的肺"。

雷雨天

在赤道地区，每天都有雷雨天气，几乎都发生在中午。热带雨林虽然一年都是夏季，但一天内气温还是有些变化。早晨天气晴朗，快到中午时开始热起来，中午刚过就会有阵雨，到了黄昏时感觉凉快。

一层又一层的热带雨林

树冠层

　　树冠层由普通乔木的枝叶组成。这些枝叶纵横交错，密不透风，就像一块绿色的地毯悬浮在林中。树冠层是整个雨林中最热闹的地方，因为雨林里的大多数动物都生活在这里，尤其是猴子们的"天堂"。

　　浓密的枝叶不仅阻挡了阳光，还阻挡了雨水。下大雨时，你躲在茂密的枝叶下，需要好几分钟才能感觉到雨水落下，可想而知，这些枝叶挨得多么紧密了。

　　热带雨林里有非常多的植物，它们有的高，有的矮，就像我们建造的楼房一样，分成了不同的层。每一层都是一个小世界，都有属于自己的"居民"。

灌木层

　　灌木层平静、阴暗又潮湿，生活在这一层的动物们，既要四处寻找食物，让自己吃饱，还要时刻小心，不被别的动物吃掉。

突出层

突出层是热带雨林的最高层，由巨大的乔木分散组成。这里光线充足，一片明媚，是鸟儿和蝴蝶的"王国"。

高大细瘦的乔木可以长到5米粗、70米高，它们巨大的树冠就像漂浮在绿色海洋上的一顶"大帽子"，是热带雨林的形象标志。

中间层

因为光照和气流被树冠层阻挡，所以中间层一直处于昏暗中，而且非常闷热。

变色龙生活在这一层，它们会变换身体的颜色来保护自己。

地被层

地被层是热带雨林的地表，植物和动物的尸体都在这里腐烂、消失。地被层到处是湿滑的苔藓，走在上面要非常小心。

这一层有很多食肉动物，瞧，美洲豹就是其中的代表！

特殊的叶子

光合作用

二氧化碳

氧气

树叶吸收二氧化碳，排出氧气。

人类和动物吸收氧气，排出二氧化碳。

那就得感谢我们啦。

对于我们来说，氧气可是维持生命的重要物质啊！

橡胶树叶叶面有一层保护蜡，可以防止水分蒸发，以免自己被烤干。

🌿 橡胶树叶

在热带雨林中，阳光炙烤着高大的树木，为了生存，树叶努力地"拯救"自己。

一些叶子的叶柄像"关节"一样，可以随着光照调整叶子的姿态。当光照强烈时，叶柄转动，让叶片细窄的一面对着阳光，这样叶子就不会被烤干；当阴天时，叶柄又转动调整叶片，最大限度地吸收阳光。

我转

我再转

你知道热带雨林树木的年龄吗

嗨，你知道雨林的树木有年轮吗？

什么是年轮

锯断一棵树，我们会发现树木的里面有许多圈，一个套着一个，这就是年轮。通过数年轮，就能知道这棵树的年龄。

年轮是怎么产生的

在春季和夏季，气温高，光照充足，是树木生长的旺盛期，树干里的供水管道完全打开，变得比平时粗；到了秋季，温度降低，光照减少，供水管道开始缩窄；到了冬季，树叶凋落，树木完全停止生长。每一年，树木都会重复这样的经历，于是，树干就形成了粗细不一的圆环。

怎么计算热带雨林树木的年龄呢

许多热带雨林里的树木高大、茂密，有的树的树皮上长满了苔藓，看起来非常老。我们可以通过树木的发芽时间和生长特点，推算出这棵树到现在已经生长了多少年。

这可难不住我。热带雨林的光照和气候很稳定，树木每天吸收的养分差不多，所以这里的树木根本就没有年轮。

亚马孙热带雨林

在南美洲，有一片茂密的森林，从空中俯视，它就像一颗翠绿的宝石。巨大的亚马孙河从森林里蜿蜒流过，这里就是亚马孙热带雨林。亚马孙热带雨林是世界上最大的雨林，那里不仅是动物和植物们的乐园，还生活着许多土著居民。

❶ 亚马孙河是世界流量、流域最广的，支流最多的河流，全长6400千米。它发源于安第斯山脉，一路上汇集了成千上万的支流，形成了一条巨大的洪流，奔向大西洋。

❷ 亚马孙河流经的地方，土壤肥沃，水资源丰富，许多人在那里耕种、生活。当地人民自豪地说："亚马孙河是我们的盾。"

世界第一大河——亚马孙河

说到亚马孙河热带雨林，就不得不说亚马孙河。因为正是这条巨大的河流孕育出了这片广袤的森林。

① 亚马孙河的入海口像一个大喇叭，当海潮进入喇叭口后，相互推挤，不断抬升，最后竟然成了直立的潮头，有时可以高5米，像一堵墙壁，十分壮观！

② 亚马孙河是一条繁忙的航道，万吨轮可达中游，3000吨重的海轮可上溯至3600多千米远的河港。

③ 亚马孙河还是一个"聚宝盆"，流域有丰富的矿产资源。以前，秘鲁需要进口石油，自从在亚马孙河发现石油后，摇身一变，成了世界上重要的石油输出国。

亚马孙热带雨林里生活着哪些动物

蜘蛛猴

长鼻浣熊

巨蟒

食鸟蛛

夜猴

松鼠猴

金刚鹦鹉

蜂鸟

食蚁兽

蚁窝

野狗

蝙蝠

凯门鳄

犰狳

箭毒蛙

树懒

角雕

热带雨林里有许多动物，它们有的藏在茂密的枝叶里，有的藏在浑浊的水里，快来认识吧！

美洲红鹮

红面吼猴

犀鸟

四眼负鼠

美洲野猪

貘

淡水龟

细腰猫

巨嘴鸟

水豚

可爱又危险的家伙

金刚鹦鹉

金刚鹦鹉也叫"大力士"，因为它那像一把镰刀似的大嘴，可以轻易地啄开坚硬果实的外壳。有趣的是，金刚鹦鹉的脸上没有毛，每当兴奋时，脸就会变红，很像一位害羞的姑娘。

美洲豹

美洲豹，也叫美洲虎，因为它长得既像豹子，又像老虎。美洲豹十分厉害，敢冲入河中捕杀鳄鱼！

树懒

树懒总是紧紧地抓着树枝，待在树上，只有爬向另一棵树或者排便时，才会到地面上。它用肚子贴着地面，努力地向前爬行，看起来十分可怜。

箭毒蛙

箭毒蛙是世界上最美丽的青蛙，虽然有些种类只有1.5厘米大小，但毒性却很强。它们小小身体里的毒素可以杀死2万只老鼠。除了人类，箭毒蛙几乎没有天敌。

食人鱼

食人鱼生活在亚马孙河里。它们牙齿锋利，十分凶猛，一旦发现猎物，会成群结队地攻击。一群食人鱼能在10分钟内，将一头牛吃的只剩下白骨。更厉害的是它们的牙齿，可以把钢制的鱼钩轻易地咬断。

食蚁兽

食蚁兽的样子十分怪异，脑袋又细又长，嘴巴是一个小孔，虽然没有牙齿，舌头却有60厘米长，还长着倒刺，可以轻易地伸入蚁穴，吃到蚂蚁。所以，人们都叫它食蚁兽。

海牛

海牛的食量非常大，肠子足足有30米长，吃起草来就像卷地毯一样，可以很快把一片海草啃干净，所以被称为"水中除草机"。

不可小瞧的蚂蚁大军

在热带雨林里，大约有50多种蚂蚁，虽然种类不多，但繁殖速度极快，数量惊人。走入热带雨林时，会发现从树枝上到人的裤腿里，到处都能看见它们的身影。

白蚁

白蚁是雨林中一种非常重要的昆虫。它们可以快速地"消化"木材，杀死树干和枝条。被分解和腐烂的树木又成了其他植物的养分。所以，白蚁使得雨林里的生态平衡更加稳定。

军蚁

军蚁十分可怕。它们常常组成一支几万只的大部队，灭青蛙、吃大蛇、啃飞鸟，经过的地方总会被吃个精光。不过，军蚁也有优点，它们可以帮助人类消灭蟑螂和其他害虫。

阿兹特克蚁

阿兹特克蚁与一种蚁栖树是天然的共生物种，蚁栖树树干有含糖的分泌物，阿兹特克蚁以这种分泌物为食物，生活得十分惬意。

切叶蚁

切叶蚁非常勤劳、整洁。它们总是先把树叶用锋利的牙齿切开，再运回洞穴弄碎，加入粪便等肥料，最后在肥料上种一些菌类，供自己食用。平时，切叶蚁总会整理自己的"花园"，决不允许"花园"里有一点杂物。

南美雨林中的植物代表

热带雨林没有四季更替，全年都是夏季，气温很高，雨水充沛，是全世界动物和植物最丰富的地方。

香脆可口的腰果

腰果造型可爱，十分好吃，不过，它的故乡却在遥远的南美洲雨林。正是因为它们长得像肾，而肾正好长在腰部，所以就叫腰果了。

按时开放和闭合的时钟花

时钟花是一种非常有趣的花。每天太阳升起时开放，太阳落山时闭合。更不可思议的是，时钟花的花瓣很像时钟上的文字，花蕊很像指针，简直是一个天然的钟表。

贵重的黄檀木

黄檀木其实并不是黄色，而是深红色、紫褐色，还布满像斑马一样的条纹。这种树木是制作家具的上等木材，价格十分昂贵！

会爆炸的炮弹树

炮弹树的果实成熟后，会砰的一声裂开，就像炮弹爆炸一样，瞬间果肉和种子向四面八方射去，威力惊人！

树身开花的叉叶木

叉叶木生活在雨林下层，和其他树不同，叉叶木不是在树枝上开花、结果，而是在树干上。这样不仅方便了昆虫对花儿进行授粉，还能躲避狂风暴雨，实在是非常聪明。

害羞的雨树

雨树非常的神奇。白天，它张开叶子吸收阳光雨露，到了晚上或阴天时就把叶子合起来。

到了第二天，太阳出来，叶子再次张开，树叶里的水滴就会挥洒而下，就像下雨一样，所以，大家把这种树叫"雨树"，够神奇吧！

用处多多的橡胶树

橡胶树是一种非常不起眼的树，但取其树汁制成橡胶后，对人类的生活产生了很大影响，小到橡皮、雨衣、篮球，大到飞机、火箭，都离不开橡胶。

像一个大圆盘的王莲

王莲有一个巨大的叶片，有的直径可达4米，边缘向上卷起，就像一个巨大的盘子漂浮在水面上。王莲的叶子还是当之无愧的"大力士"，一个50千克的人坐在上面，叶子仍可浮在水面上而不下沉。

能治病的金鸡纳树

金鸡纳树的树皮呈黄绿色或褐色，具有疗疾治病的本领。树皮里含有30多种生物碱，可以有效地治疗疟疾，挽救人们的生命。

美丽的陷阱

茅膏菜

茅膏菜也是一种喜欢吃肉的植物。它的小叶上布满了红色腺毛，腺毛的顶端是一颗颗晶莹的"露珠"。"露珠"十分危险，它其实是茅膏菜分泌出来的一种液体，一旦小昆虫碰到它，立刻会被粘住。这时，茅膏菜的腺毛将小昆虫紧紧抱住，无论怎么挣扎也逃不出去了。

瓶子草

瓶子草不仅外形很像瓶子，颜色也很漂亮，还装点着绚丽的斑纹。不过，这个瓶子十分危险，它能分泌出香甜的气味，吸引小昆虫前来采食。只要小昆虫掉进瓶子里，就会被里面的消化液淹死，并慢慢地分解掉，成为瓶子草的美味。

为什么植物爱吃肉呢？

这些爱吃肉的植物，虽然本身有叶绿素，可以进行光合作用，但它们的根系极不发达，很少能从地下吸收到养料，所以只好靠捕食昆虫来补充身体缺乏的氮素养分。

捕蝇草

捕蝇草是食肉植物中最奇妙的一种。它的叶片呈半圆形，颜色艳丽，边缘长着硬刺，就像长长的睫毛。叶片分泌出的甜蜜的蜜露，引来昆虫并把它们粘住。这时，捕蝇草迅速关闭叶片，将昆虫夹住，几天后，猎物就会被"吃得"一干二净。

瓶子草是怎么捕猎的？

① 瓶子和瓶盖分泌出一种又香又甜的蜜汁，把四面八方的小昆虫引诱过来。

② 昆虫飞到瓶口吃蜜时，一不小心会滑进瓶子里。这时，瓶盖会自动合上。

③ 惊慌失措的昆虫们想方设法地逃跑，但不是一头撞在盖子上，就是被瓶子草内壁的茸毛所阻挡，最后纷纷掉入瓶底的"水池"里。

④ 瓶底的水由内壁分泌出的消化液和根部的水分混合而成，具有分解作用。过不了几天，落入陷阱的昆虫们就会被消化掉，剩下一个个无法被分解的外壳。

亚洲热带雨林

　　亚热带雨林是生长在暖温带多雨地带的常绿林带，分布在从跨越南半球的印度尼西亚到北半球的中国、菲律宾、越南、泰国、马来西亚和印度等不同的国家。走入亚洲热带雨林中，你会看到另一种别具特色的景象，河流交错，原始森林遮天蔽日，藤蔓缠绕在一起，巨大的像墙壁一样的板状根，动物们更是有趣，植物也非常丰富……总之，这个像迷宫一样的地方，现在已经成为许多冒险者的挑战目标！

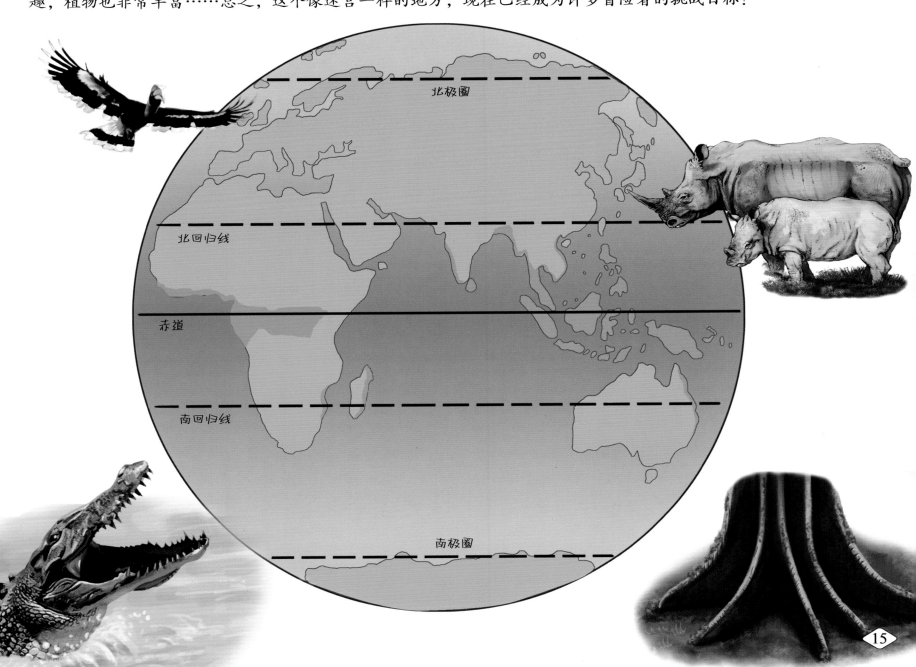

北极圈

北回归线

赤道

南回归线

南极圈

哪些动物生活在亚洲热带雨林里

亚洲热带雨林中的动物十分有趣，它们有的脾气温和，有的暴躁凶猛，有的总是打架，还有的胆小害羞……这些性格不同的"居民"使雨林充满生机与活力。

马来亚长臂猿

绿树蟒

棕树凤头鹦鹉

黑猩猩

苏门答腊虎

原鸡

云豹

苏门答腊犀牛

双角犀鸟

天堂鸟

树袋鼠

太阳鸟

鹤鸵

马来熊

蓝翅八色鸫

穿山甲

凤蝶

马来貘

网纹蟒

泽巨蜥

啊，脾气真坏！

亚洲象

亚洲象身体庞大，行动起来总是慢腾腾的，常常给人一种憨厚、善良的感觉。不过，它们很爱记仇，如果你破坏了它们的生活环境，或者伤害了它们的同类，那亚洲象一定会记得，等待机会报仇。所以，千万不要轻易招惹它们啊！

孟加拉虎

孟加拉虎，也叫印度虎，是当之无愧的百兽之王。在所有虎中，孟加拉虎虽然不是最高大、最强壮的，却是最凶猛的。它们很爱吃肉，不管是豹子、狼，还是野牛、羚羊，它们都来者不拒，统统享用。

亚洲雨林蝎

亚洲雨林蝎平时像一个绅士，可它非常敏感，还有点神经质，只要周围有一点动静，它们就会张牙舞爪。尤其在交配季节或者寻找食物的时候，它们会抛弃尊严，毫不客气地大打出手。

食人鳄

食人鳄栖息在雨林的河口、海岸和沼泽地里，它们十分危险。每年，被食人鳄吃掉的人比被鲨鱼吃掉的人还多，这些人都是在雨林中受到了食人鳄的偷袭。

黑豹

黑豹是豹的一种黑色变异个体，拥有一身黑色的毛，猛地一看，还以为是一只大黑猫。黑豹会攀岩、爬树，还会游泳。它们自认为本领高强，平时总是一副很威风的样子，就连鳄鱼都不放在眼里。

亚洲热带雨林中的代表植物

水果大王——榴梿

榴梿的果实就像一个浑身长满刺的足球，采摘时需要很小心。榴梿有一种独特的气味，喜欢它们的人闻着很舒服，讨厌它们的人闻着会很恶心。不过，榴梿的果肉非常好吃，而且是所有水果中营养最丰富的，因此有"水果之王"的美誉。

世界上最臭的花——巨型海芋

巨型海芋生长在苏门答腊岛的热带雨林里，是世界上最臭的花。这种花开放后，会发出一种恶臭味，有的闻上去像腐肉的味道，有的是一种独特的尿臊味，还有一种散发着丁酸味。巨型海芋还能够发出热量，将臭味散发到整个雨林里。据说，这种花还把人当场熏倒过。

世界第一大花——大王花

大王花生长在亚洲热带雨林中，没有叶子，没有茎，但是花很大，直径可以达到1米，最重可以长到10千克，所以被称为是世界第一大花。大王花的花瓣又肥又厚，还布满小斑点。你千万别以为这种植物很香，其实，它们的味道臭极了，闻过以后简直能让你恶心得吐出来。

香料之王——胡椒

来到妈妈的厨房里，快找一找胡椒粉，没错，这种胡椒粉就是用雨林里胡椒树的种子加工而成的，因为有了胡椒粉，食物变得更加美味，所以，人们把胡椒粉称为"香料之王"。

长着胡子的老虎须

花儿的颜色五彩缤纷，十分漂亮。可是，老虎须开的花竟然是黑色和紫褐色的，而且，花瓣的底部长着几十条紫黑色的细丝，看起来就像一位老人的长胡须，非常怪异。

千奇百怪的"脚掌"

热带雨林虽然温暖潮湿，但是土壤非常贫瘠，植物很难从地下吸收到养分，尤其是高大的树木。令人惊喜的是，地面上因为有树叶、树木和动物尸体不断地腐烂、分解，所以表层的营养最丰富。为了生存，高大的树木开始了激烈的竞争，它们千方百计地改变着根部，拼尽全力想要吸收更多养分。

像墙壁一样的板状根

走在热带雨林中，到处能看见巨大的板状根。这种独特的根不仅可以吸收养分，还能稳稳支撑高大的树木，抵抗大风和暴雨的冲击。除了高大的乔木具有板状根，四数木也是大板根家族的代表。

板根屋

在热带雨林里，猎人常常借助巨大的板状根搭建临时住所。他们采摘巨大的芭蕉叶，架在板状根上面遮风挡雨，再在地上铺一片，坐下来生一堆火，一边取暖，一边烘烤猎物。

呼吸根

呼吸根是用来呼吸的。在热带雨林中，有些植物因为土壤中严重缺氧，便长出了一种不定根。不定根向上生长，露出地表或水面，吸收氧气，这就是呼吸根。棕榈树有许多细小的呼吸根。

球状根

海南山乌龟又叫地不容，它的球状根没有进入土壤，而是露出地表，这也是因为雨林土壤贫瘠，而土壤表层的营养最丰富。

支撑植物的支柱根

支柱根其实是植物的不定根。有一些植物，能从茎秆或接近地表的茎节上，长出不定根，不定根向下生长，插入土壤中，就成了支撑植物生长的支柱根。露兜树的支柱根非常有名。

密密麻麻的网状根

印度胶榕实在很聪明，它们知道地表营养丰富，所以让根不断地朝更远的地方扩张，慢慢地，这些根就在地表交叉结合，就结成了一张大网，成了网状根。网状根牢牢地抓着地面，防止其他植物的入侵。

植物的绞杀术

在热带雨林中，有一种残酷的植物竞争法——绞杀。最著名的绞杀植物是绞杀榕，它发达的气生根成为绞杀植物的绳索。

❺ 树木得不到阳光和营养物，慢慢地枯死了，而绞杀榕杀死"寄主"后，自己则长成了一株新的大树。

❶ 绞杀榕的种子随着小鸟的粪便，掉落在一棵树的枝干上。

❷ 种子在树干上发芽、生根，一面向上攀缘，一面长出气生根向下生长。

❹ 绞杀榕的气生根有上千条，它们越长越茂盛，紧紧缠住树干。

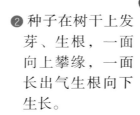

❸ 气生根扎入土壤，与树木争夺营养物质，同时气生根慢慢地将树干包围起来。

藤蔓也非常会用"绞杀术"。在热带雨林，你常常会看见一条条藤蔓拥抱着一棵高大的树木，千万别以为它们是关系亲密的朋友，其实，藤蔓正在"绞杀"树木。

中国雨林的标志——望天树

望天树只生长在我国云南西双版纳的雨林中，是一种十分珍稀的树种。1975年，植物学家第一次发现了望天树，这也告诉世界——中国也有热带雨林。

这种树可以长到80米高，直穿云霄，需要仰起头才能看到树顶，所以人们就给它起名叫"望天树"。

望天树树干笔直，不分杈，树冠像一把巨大的伞，当地的傣族人还把它们叫作"埋干仲"，意思是伞把树。

树干的树皮虽有浅纵裂，但摸上去树皮还是十分光滑的，附生植物和藤本植物根本无法在上面生活，这让雨林中的其他树木羡慕极了！

遗憾的是，望天树的种子很少，种子的寿命也很短。种子一旦落地，常常会快速腐烂。所以，望天树仍然是一种很珍稀的树。

空中居民——附生植物

真菌

真菌也喜欢在树干上安家。

凤梨

凤梨的大多数种类都是空中居民。它的叶片一环一环地排列，中心形成了一个大大的漏斗，里面可以存储水。这些水分不仅供凤梨自己饮用，还是许多小昆虫的饮用水。有的小动物，甚至直接住在里面。

一只箭毒蛙妈妈背着小蝌蚪们爬上高高的树木，把宝宝们放进凤梨的"水池"里。

直到尾巴消失，小蝌蚪变成了蛙，它们才从池里跳出来。

凤梨"托儿所"

小蝌蚪住进"托儿所"，每天吃里面蚊子的幼虫。

植物为什么长在树上？

　　雨林下层几乎没有阳光，而且土壤贫瘠，为了得到阳光，吸收养分，许多植物将家搬到了空中，成为了空中居民。它们自己吸收水分，制造养分，不向"房东"索取。

巢蕨

　　附生在树干上的巢蕨很像一个大鸟巢，这种独特的造型可以更好地收集养料，比如，落入里面的树叶、小昆虫和粪便等。

兰花

　　兰花家族中的许多成员是"空中居民"。它们从水汽、雨露和腐败的枝叶、动物粪便和尸体中吸收养分，从不掠夺它所附着植物的营养与水分。

　　有一些雨林植物非常奇怪，它们不是长在土壤中，而是借住在其他植物上。有时，一棵乔木上居住着上百种植物，远远看去，就像一个"空中花园"。

25

踏遍非洲热带雨林

白领长尾猴

树熊猴

非洲野猪

眼镜猴

说起非洲，我们首先想到的就是沙漠，还有皮肤黑黑的黑人。其实，非洲也有热带雨林，尼罗河、刚果河、赞比西河等许多条河流从中穿过，使得非洲雨林不仅面积很大，而且树种也很丰富。当然，这里也有许多珍奇的野生动物。

非洲灰鹦鹉

倭河马

紫羚羊

加蓬蝰

树蹄兔

黄背小羚羊

黑白疣猴

果蝠

太阳鸟

小变色龙

麝香鹿

巨花金龟

球蟒

绿蝰

27

非洲热带雨林的代表植物

波巴布树
——天然水库

波巴布树树冠巨大，稀疏的树杈酷似树根，远远看去就像是摔了个"倒栽葱"。它的果实巨大如足球，甘甜多汁，每当成熟时，猴子们抢着来吃，所以这种树也叫作"猴面包树"。

波巴布树那粗壮的树干里，一次可以贮存几千升水。当你在长有波巴布树的沙漠中行走时，几乎用不着带水，口渴时只要用小刀在随处可见的波巴布树上划一道小口子，清泉喷涌而出，任你畅饮。

——天然村舍

当地人将波巴布树的树干掏空，搬进去居住，从而在当地形成了一种非常别致的"村舍"。还有的居民将树干掏空作为储水室、储藏室，甚至还能饲养牲畜。

旅人蕉

旅人蕉被称为雨林里的"水龙头"。当你口渴时，用小刀在旅人蕉的叶柄处划开一个小口，清凉甘甜的水立刻流出来，过一会儿，口子会自动合上。

人们在波巴布树内居住。

神秘果

神秘果非常神奇，吃了这种果子，在短时间内不管吃什么酸东西都会觉得甜甜的。

雨林植物怎么授粉和传播

什么是授粉呢？植物为什么要授粉呢？其实，授粉就是将花粉从一朵花传到另一朵花。植物只有授粉后，才会结出果实，一代又一代地生长下去。

兰花

兰花的种子像灰尘一样细小，风可以把它们带到森林的每一个角落。

热带雨林里的许多植物，不是通过昆虫授粉，而是通过鸟类授粉。蜂鸟又细又长的喙，每天在花丛中飞来飞去，很适合授粉工作。

巨型海芋

海芋发出强烈的臭味，吸引苍蝇和甲虫来给它授粉。

大王花

大王花的种子很小，几乎很难被发现。它们只能凭着好运气，被大象和其他动物们踩上，带到别的地方。

刺豚鼠

刺豚鼠把巴西坚果埋在地下，准备饿的时候再吃，结果它们常常忘记埋在了哪里，这样，种子就可以发芽了。

土著居民

　　神秘的雨林，尽管不能提供理想的生活环境，可早在几千年前，就已经有人类居住在里面。他们需要的一切生活用品都由雨林提供，每一个人都对雨林充满感激，并且常常说道："我们属于这块土地。"

亚诺玛米人

　　亚诺玛米人生活在南美洲的热带雨林中。他们个子很矮，住在简陋的茅草屋里。每个部落都有一块果园，大家在果园里种植香蕉、烟叶、木薯等。过几年后，当草屋破败，果园不再丰收，他们就会搬迁到别的地方，重建家园。

　　现在，"人类文明"闯入了这片宁静的地方，带去的疾病，使许多亚诺玛米人死亡。更糟糕的是，穿越雨林的筑路工程，毁掉了亚诺玛米人的家园，许多亚诺玛米人无家可归，沦为乞丐，甚至死亡。

伊班人

　　伊班人生活在亚洲热带雨林里。他们每个人身上都有刺青，男人几乎全身都是刺青，而女人只在手上和脚上有刺青。大家认为刺青的颜色越黑越好。

本南人

    本南人生活在亚洲热带雨林里，他们非常单纯、善良。每次打到猎物，都要和部落里的人共同享用，而且从不羡慕美酒佳肴、高楼大厦，平时很喜欢唱歌。他们的生活简单而快乐。可是，随着雨林被滥砍滥伐，他们的家园受到严重破坏。

    土著人的房屋几乎都是用树枝、树叶、藤蔓和茅草搭建而成。不过，不同雨林里的土著房屋并不一样。

俾格米人

    俾格米人生活在非洲热带雨林里，他们四肢短小，皮肤黝黑，头发卷曲，被称为袖珍民族。

    俾格米人住在茅草屋里，男人外出打猎，女人采摘野果，过着简单而原始的生活。

动物的伪装术

伪装术在热带雨林中非常流行，许多小动物都会进行色彩伪装或者是形态伪装。伪装术可以帮助它们靠近猎物，或从猎食者口中逃生。

纺织娘

秘鲁纺织娘的翅膀上有两个大斑点，很像两只眼睛，它们常常利用这对明亮的"大眼睛"迷惑和恐吓敌人。如果遇到强大的动物，被咬住的常常是它的翅膀，而不是要命的头部。

美洲豹

美洲豹身上的斑点和条纹，很像阳光穿透树叶的光斑、光线，这使它们在雨林中不那么明显。

枯叶蝶

枯叶蝶很像一片秋天枯萎的树叶，而雨林里树叶很多，所以当它伪装在树叶里一动不动时，几乎从不会被发现。

竹节虫

竹节虫身体细长，当6足并拢时，看起来很像竹节。这种巧妙的伪装术，使它们很难被发现。

兰花螳螂

兰花螳螂是螳螂家族中最漂亮、最亮丽的。它们寄居在兰花上，不仅能跟着花色的深浅而调整身体颜色，就连体态也和兰花相似，实在厉害啊！